ESSAI SUR L'ÉDUCATION,

Par Mme D***, Institutrice.

A PARIS,

Chez LEBÈGUE, Imprimeur-Libraire, rue des Noyers, n° 8;

Et chez DELAUNAY, Libraire, Palais-Royal, Galerie de bois.

1825.

ESSAI

SUR

L'ÉDUCATION.

À PARIS, DE L'IMPRIMERIE DE LEBÈGUE,

RUE DES NOYERS, Nº 8.

ESSAI

SUR

L'ÉDUCATION,

Par Mme D***, Institutrice.

A PARIS,

Chez LEBÈGUE, Imprimeur-Libraire, rue des
Noyers, n° 8;
Et chez DELAUNAY, Libraire, Palais-Royal,
Galerie de bois.

1825.